Großer Tag heute!
Endlich fliegen!

Mal einen Blick riskieren,
die Sachlage checken.
GANZ SCHÖN TIEF.
Wird schon. Augen zu und durch.

In Position, gut ausrichten.
Flatter flatter. Wedel wedel.
Hühüpf. Und los!

ABSTURZ

Hart gelandet. Autsch.
Dicker blauer Fleck. Knick in der Feder.
GANZ SCHÖN HOCH.

Schramme am Kopf,
Schnabel verbogen, Federn gelassen.
Aber alles noch dran.

Da ist ja gar keine Luft unter den Flügeln.
GROSSER FRUST! Durchhänger.
Alles noch mal von vorn.

Geschüttelt, aufgeplustert.
Konzentration.
Zweiter Versuch.
Flatter flatter. Wedel wedel.
Hühüpfhüpf. HOCH, HÖHER.

Jetzt aber, jetzt klappt's.
Dranbleiben ist alles! Springen!
Halten, Flügel schlagen,
nicht nachlassen.

SINKFLUG

Kleine Meditation: O O O M …

DU SCHAFFST DAS, DU SCHAFFST DAS!

Glaub an dich! Deine innere Kraft.

Genau!

Gleich noch mal: dritter Versuch!

Alles auf Anfang.
Locker machen. Schnabel in die Luft.
Federn dehnen, Kniebeugen, Flügel kreisen.
Flatter flatter. Wedel wedel.
Hühüpf. Und los!

Here we go.
Muskel- und Federkraft.
Mut. Wille. Zuversicht.
Mit Anlauf … von ganz hinten …
ABSPRUNG!
VOLLE SPANNBREITE!
FLIEGEN!

Na also!
Nicht aufgeben! Warum auch?
HERRLICH!

Für Lucki, G. und Eddi
von Mom

Für meine wunderbaren drei
C. S.

Erste Auflage 2022
Originalausgabe

Umschlaggestaltung: Rothfos & Gabler, Hamburg
Umschlagillustration: Henrike Wilson, Berlin
Druck: optimal media GmbH, Röbel / Müritz
Dieses Buch wurde klimaneutral produziert:
climatepartner.com/14438-2110-1001.
Printed in Germany
ISBN 978-3-458-64338-8

www.insel-verlag.de